UN VOYAGE

AU

BASSIN D'ARCACHON.

BORDEAUX
Imprimerie du Commerce de CH. POINSOT, rue du Loup, 21.

HENRY RIBADIEU.

UN VOYAGE

AU

BASSIN D'ARCACHON

PARIS
JULES TARDIEU, LIBRAIRE-ÉDITEUR,
rue de Tournon, 13.

1859

Arcachon est une sorte d'Océanie française, c'est Taïti à quelques kilomètres de Bordeaux, la vie sauvage à une portée de fusil du foyer de la civilisation.

SAINT-RIEUL DUPOUY, *l'Été à Bordeaux*.

PRÉFACE.

On a dit en riant d'un homme qui n'est pas sans valeur, bien qu'il ait écrit plus de volumes que Lopes de Véga, et trafiqué de son talent plus que ne firent jamais de leur corps, dans Athènes, Laïs et Phryné, on a dit de cet enfant prodigue de notre moderne littérature qu'il avait découvert la Méditerranée.

Pourquoi pas après tout. On a bien découvert,

il y a quelques vingt ans, toute une grande province, presqu'un royaume, qui a nom, je crois, la Bretagne.

Pour avoir des lecteurs, il fallait alors, sur la jaune couverture des livres, annoncer une légende bretonne, avec traits de mœurs sur la vieille Armorique et force traditions des siècles d'or où vécurent le célèbre roi Hoël et le non moins célèbre roi Conan.

Aujourd'hui c'est l'Aquitaine et la Gascogne que l'on commence à découvrir.

On a bien voulu se douter qu'il y avait au-delà de la Loire, à 150 lieues de Paris, une ter[illegible] qu'à ce jour inexplorée par les hommes du [illegible]ord, qui était presqu'aussi curieuse à connaître que le pays des Hottentots, qui avait des fleuves tout aussi intéressants que le Nil et des villes pour le moins aussi bien entretenues que Tombouctou.

C'est à ce goût du jour que le bassin d'Arcachon doit sa récente célébrité.

Une plume à la fois poétique et charmante, une plume de femme, lui donnait, il y a quelques années, une première vie.

C'était, je ne l'ai pas oublié, sur les bords de la Gironde, dans un délicieux château du Blayais, — non pas un nid d'aigle suspendu aux flancs d'un ravin, mais une blanche villa,—un château comme devait les aimer Delille et comme les rêvait sans doute Bernadin de Saint-Pierre, — un nid tapissé de clématites et de chèvrefeuilles.

Là, devant un cercle d'amis, une grande dame, — de celles qui se font pardonner leur grandeur, tant il y a chez elles de bonté et d'esprit véritable, — permit un jour une indiscretion ; elle laissa feuilleter et bientôt lire à haute voix un manuscrit, — histoire touchante qu'elle avait intitulée la *Résinière* et que M. Michel Lévy éditait plus tard sous ce titre plein de promesses : *Marie aux yeux bleus!*

Marie aux yeux bleus, était une fille des landes, une résinière, née sur les rives d'Arcachon. — Elle ne savait rien de la vie bruyante des grandes cités, — et le monde finissait pour elle avec son horizon de pins. — Elle ne connaissait que sa hache qui lui servait à *gemmer* les arbres et son vieux père, qu'après une journée des travaux les plus rudes, elle berçait le soir aux refrains d'une chanson rustique. — Elle ne savait que prier Dieu, qu'invoquer la madone d'Arcachon, se signer et s'agenouiller sur la dune, quand l'*Angelus* tintant au loin, lui parlait de sa voix argentine.

Mais Dieu, qui avait ses fins en créant Marie, fille des bois, ignorante et sauvage, — l'avait aussi créée poëte.

C'est la poésie qui fit les malheurs de la résinière. Ces malheurs, Mme la marquise de La Grange les a contés, en laissant à son héroïne placée entre deux mondes, le monde civilisé et le monde barbare, le caractère étrange que les circonstances lui avaient donné.

Les Landes et la grande forêt alors inhabitée où vécut Marie aux yeux bleus furent ainsi dépeintes pour la première fois par Mme de La Grange; après elle M. Edmond About, M. Charles Monselet et M. Angelo de Sorr (1) ont rendu Arcachon populaire.

Un recueil qui a mérité par l'importance de plusieurs de ses publications les suffrages du ministère de la marine, le *Journal illustré des Voyages et des Voyageurs*, a tenu à son tour à faire connaître à ses lecteurs le bassin d'Arcachon. Il a donc bien voulu accueillir dans ses colonnes les pages qu'on va lire.

C'est une fort peu sérieuse anecdote qui s'étonnerait à bon droit d'avoir trouvé place parmi

---

(1) M. Angelo de Sorr, dans les *Pinadas* et le *Chasseur d'Alouettes*, deux romans pleins d'intérêt et de mouvement dramatique.

tant d'écrits substantiels et de saisissantes narrations, si le pavillon ici comme en bien d'autres lieux ne couvrait quelque peu la marchandise.

UN VOYAGE

AU

BASSIN D'ARCACHON

I.

La barre d'Arcachon. — Les dunes voyageuses. — Les plantations de Brémontier.

Lorsque le vent du large souffle avec violence sur les côtes du sud-ouest et que la golfe de Gascogne, bouleversé par la tempête, oblige les bâtiments en péril de gagner en toute hâte un port de refuge, les navigateurs qui se trouvent par le

44e degré de latitude, et qui n'ont pu atteindre l'embouchure de la Gironde ou l'embouchure de l'Adour, n'ont d'autre ressource pour échapper au naufrage que de chercher l'entrée d'une petite mer intérieure, à laquelle donne accès une passe étroite, sans bornes fixes et perpétuellement déplacée par l'effort des vagues.

Il y a là une barre terrible à franchir. Si l'homme qui est au gouvernail a la main habile et l'œil sûr, s'il sait voir à travers *l'embrun* des lames les balises qui marquent les bas-fonds, le navire est sauvé; sinon, une nouvelle catastrophe va grossir le nombre des sinistres qui viennent tous les ans désoler ces contrées.

Cette petite mer est le bassin d'Arcachon.

Les rives de ce bassin sont entourées de dunes qu'un ingénieur du nom de Brémontier eut, sous le règne de Louis XVI, l'heureuse idée de couvrir de pins. Avant cette époque, le moindre ouragan y soulevait des océans de sable qui s'unissaient aux vagues de la mer pour emporter ou engloutir tantôt un village de pêcheurs, tantôt un pacage de landes, ou une pauvre bergerie, ou un champ à demi inculte.

Les dunes poussées par les flots et les vents de l'Atlantique envahissaient ainsi depuis plusieurs siècles, lentement mais impitoyablement, ce territoire qu'on appelait le *captalat* de Buch, du nom des fameux seigneurs de Buch, qui en étaient jadis les suzerains (1).

Des traditions très-vivaces encore nous apprennent que des villes florissantes ont disparu devant cette invasion continue.

---

(1) Captal, de *caput*, tête, chef, capitaine. Le plus célèbre des captaux de Buch, fut Jean de Grailly, qui commanda avec Jean Chandos les armées du prince Noir et combattit contre Du Guesclin à la bataille de Cocherel (1364).

Les unes, telles que Noviomagus et Anchise, dorment au fond de la mer, non loin de la tour de Cordouan (1). D'autres, telles que Mimizan, Soulac, Lavardin et Magreport, sommeillent sous les sables où elles partagent le sort de Pompeï et d'Herculanum, sans qu'elles puissent garder, comme ces dernières, l'espérance de recevoir jamais la visite des hommes.

D'après un calcul qu'on trouve dans un Mémoire de Brémontier, on faisait remonter l'époque de la formation des dunes à l'an 2336 avant Jésus-Christ; depuis lors, l'Océan avait empiété de vingt lieues sur cette partie des côtes de France. C'était à peu près soixante pieds de terrain que les dunes

(1) La tour de Cordouan, on ne l'ignore pas, est un des plus beaux phares de l'Europe, situé à l'embouchure de la Gironde et sur un roc que les flots entourent de toutes parts. Lorsque le temps est clair et que la mer est calme, les pilotes de Royan qui se risquent dans ces parages aperçoivent, dit-on, au fond des eaux les remparts et les tours ruinées de Noviomagus.

envahissaient chaque année, et que la mer recouvrait après elles.

La ville de La Teste, quoique encore assez éloignée, était menacée d'un complet envahissement. On allait jusqu'à préciser le siècle où Bordeaux, à son tour, serait atteint par les sables et disparaîtrait, enseveli sous les dunes, comme ces villes siciliennes dont le nom même est resté un mystère. On avait calculé qu'avant 2400 ans les dunes voyageuses seraient arrivées aux portes de Bordeaux, et que rien alors ne pourrait protéger cette ville, qui devait ainsi partager le sort de Soulac et de Noviomagus.

Les plantations de Brémontier, en fixant les sables, conjurèrent le péril. Les dunes mobiles sont aujourd'hui rivées au sol; une forêt à l'éternelle verdure les recouvre. Quant à la côte, elle est toujours inhospitalière et sauvage, et néanmoins, pleine d'une poésie qu'elle doit à son aspect solitaire. Aussi a-t-elle attiré l'attention de quelques écrivains qui se sont attachés à la décrire.

Le bassin d'Arcachon est devenu à la mode.

Ainsi que nous le disions dans notre préface, plusieurs livres publiés dans ces dernières années lui donnent un souvenir. Ces livres, on les connait, nous n'avons pas à les nommer de nouveau.

Nous avons pensé que nos lecteurs ne seraient pas fachés d'avoir sur cette petite mer intérieure et sur le pays qu'elle baigne, quelques détails encore peu connus.

Le *Voyage au bassin d'Arcachon* a été écrit dans ce but.

La forme, nous l'avons déjà dit, n'en sera point trouvée des plus graves; c'est une étude fidèle, trop fidèle peut-être : là est son tort et notre excuse.

La mer a ses jours de colère ; mais, ne l'oublions pas, elle a aussi ses jours de gaieté et de rire, c'est un de ceux-ci que nous mettons sous les yeux.

II.

Le Boulevard de l'Hôpital.

— Tiens, Céleste, voilà deux cents francs. Il y a longtemps que tu voulais voir la mer, ma bonne amie ; eh bien, tu la verras. Mets-y, s'il le faut, la somme entière, mais je veux que tu voies la mer.

— Je la verrai, sois-en sûr, coûte que coûte, et foi de Céleste Patissier.

— N'oublies-tu rien, chère amie? ta malle, ton sac de nuit, ton bonnet à fleurs, ta capote rose, ton châle hindou et tes chaussons de voyage?

— J'ai tout cela, monsieur Patissier, rassurez-vous.

— Ton billet de troisièmes?

— J'ai aussi mon billet de troisièmes; il est là, piqué à ma robe.

— Ton rechange pour aller à la mer?

— Je l'emporte comme tout le reste. Je n'ai pas oublié les recommandations de notre ami M. Renard, le directeur du musée d'anatomie: « Surtout quand vous irez à la mer, ayez un *rechange,* tout ce que vous avez de plus vieux et de plus laid, madame Patissier; la mer, voyez-vous, ça salit énormément, et puis on peut faire naufrage. » Aussi j'en ai un fameux de rechange! et la mer peut s'en donner à l'aise.

— Adieu, chère femme.

— Adieu, cher mari.

— Apporte-moi des coquillages ; tu sais, des petits tout rosés, et puis des grands, couleur de nacre, dans lesquels, lorsqu'on les approche de l'oreille, le bruit de la mer se fait entendre.

— Je sais, je sais. M. Renard m'a expliqué tout cela et m'en a fait voir au jardin des Plantes.

Ces recommandations et ces adieux s'échangeaient il y a six mois, à Paris, sur le boulevard de l'Hôpital presque au pied de la gare d'Orléans.

Madame Patissier était hôtelière. Les voyageurs qu'elle recevait lui avaient si souvent parlé de la mer, des rochers battus par les vagues et des navires brisés par la tempête ; elle avait tant de fois lu *Robinson-Crusoé,* et tant de fois revu dans ses rêves *le Naufrage de la Méduse,* une représentation théâtrale magnifique à laquelle elle avait assisté dans son jeune temps, alors qu'elle n'était point encore madame Patissier et que M. Renard... Mais laissons là de trop doux souvenirs ; elle avait en un mot, si bien respiré la mer en peinture et en songe, qu'il lui avait fallu, à tout prix, la voir, en réalité.

C'était chez elle une nostalgie d'un nouveau genre, une espèce de mal du pays, le mal de mer, dirions-nous, si un pareil jeu de mots nous était permis.

Madame Patissier pouvait aller voir la mer au Havre, où elle est pleine de vie, grâce au mouvement maritime du port, au va-et-vient continuel des navires; à Dieppe où elle est parée comme un jour de fête pour le plaisir des baigneurs ; à Calais, où elle est agitée, quelquefois furieuse, comme si l'Angleterre, qui est là, à quelques milles, lui soufflait ses rancunes; madame Patissier cependant avait dédaigné, et Calais, et Dieppe, et le Havre; elle avait donné la préférence à Arcachon, petit golfe à peine marqué sur la carte et que fort probablement elle ne savait pas être un des coins les plus curieux de notre France.

Pourquoi donc cette préférence?

Pourquoi donc la fantaisie demanderons-nous à notre tour?

III.

Le Bassin.

Le bassin d'Arcachon est la mer d'Azof de la Gascogne, une mer d'Azof en miniature, bien entendu. Elle n'a pas 120 lieues de long sur 50 de large comme l'ancien *Palus-Méotide*, mais elle n'a pas moins, à la haute mer, de 15 à 16 lieues de circonférence.

Nous disons « à la haute mer, » parce que là est

un des caractères distinctifs du bassin d'Arcachon.

Nous allons nous faire comprendre.

Des voyageurs ont nié l'existence du bassin. Venus de Paris en toute hâte pour visiter ces lieux, sur lesquels ils avaient à peine jeté un coup d'œil, ils étaient repartis n'ayant vu, disaient-ils, qu'un immense marais sillonné de chenaux et de fossés, qui le découpaient en îles sans nombre. Des herbes aquatiques sur le bassin, des monticules de goëmon sur la plage, des barques de pêcheurs échouées au milieu des terres; autour du marais, une chaîne de dunes verdoyantes; derrière les dunes des bruyères sans fin, et, au milieu de tout cela, une population maladive, au regard fiévreux, au costume sauvage, voilà le golfe d'Arcachon et ses alentours. Et les voyageurs demandaient, au nom de l'hygiène et de la salubrité publique, le prompt dessèchement ou la mise en culture de ces terres inondées.

Ces touristes avaient vu tout simplement le bassin à marée basse.

L'eau y est si peu profonde, que la mer, en se retirant, laisse à découvert une grande étendue de sable. Rien n'est plus attristant que le coup d'œil que présentent alors ces vastes lagunes.

Le fond du bassin se montre à nu avec ses accidents géologiques. A l'horizon, pas une voile qui l'annonce. Dans les chenaux, deux ou trois lougres penchés sur le flanc attendent que le flot les délivre; sur les *crassats,* c'est-à-dire sur les bancs de sables et de vase que la mer ne recouvre plus, des enfants et des femmes, au teint hâlé, ramassent quelques-unes de ces huîtres appelées *gravettes,* que l'on estime tant à Bordeaux, et qui rappellent assez par leur couleur et leur goût délicieux, les huîtres d'Ostende.

A la haute mer, le bassin endormi reprend sa

vie. Les lagunes redeviennent golfes; les bateaux pêcheurs sont remis à flot et s'élancent vers l'Océan, où ils vont se livrer à la pêche du royan, de la sole, du rouget, du mule, qui abondent dans ces parages.

Comme la mer d'Azof, dont le fameux fleuve du Don est tributaire, le bassin d'Arcachon reçoit les eaux d'une rivière qui malgré son peu de profondeur, est célèbre dans cette partie de la Gascogne, car elle en fait la fortune. Elle traverse les landes, dont elle écoule les bois, les résines et les goudrons jusqu'au Teich, où se trouve son embouchure.

Cette rivière est la *Leyre,* que les Romains avaient appelée *Sigman,* à cause des sinuosités de son cours. C'est là d'ailleurs, le seul rapport qu'elle ait avec le Don (le *Tanaïs* des anciens), l'un des plus grands fleuves de l'Europe, comme elle en est l'un des plus petits.

Puisque nous avons déjà comparé le golfe d'Ar-
ıchon à la mer d'Azof, nous poursuivrons notre
ırallèle jusqu'au bout.

Le bassin a, comme le Palus-Méotide, une cein-
ıre de ports et de villes, ou plutôt de villages, aux-
uels on arrive par une multiplicité de chenaux
ien connus des habitants, mais où les étrangers
e sauraient se reconnaître.

La capitale de ces bourgs est la Teste ; sont nom
eul, au besoin, eût pu nous le dire. C'est une ag-
lomération ou, pour être plus exact, un éparpille-
ıent de maisons, de cabanes, de jardins, de prai-
es et de fossés, où l'on chercherait en vain une
ıe et une place publique.

La petite ville d'Azof, placée à l'embouchure du
on, et qui compte, dit-on de 900 à 1,000 âmes,
oit ressembler à cette capitale.

A l'est, et en contournant le bassin dans la direction du nord on rencontre tour à tour : Gujan, le Teich, Biganos, Audenge, Certes, Andernos et Arès (1).

---

(1) Nos lecteurs auront peut-être remarqué la physionomie hellénique de quelque-uns de ces bourgs; il en est de même de beaucoup de localités voisines qui, sans être situées sur le bassin, appartiennent cependant au pays des landes: Mios, Lugos, Pissos, Biscaros, etc.

Plusieurs de ces noms se rapprochent du grec d'une manière frappante: Teich, ne vient-il pas de *Teichos*, qui veùt dire muraille, bourg, fortification? Pissos, Biganos et Biscaros (en remplaçant le B de ces deux derniers par un P) ne pourraient-ils point dériver de *Pissokéros*, qui signifie poix et cire? La poix et la cire sont les deux grands produits de la contrée. Andernos n'aurait-il point pour racine *Andreios*, viril, courageux, etc.? Il est enfin quelques-uns de ces lieux, dont le nom est tout à fait hellénique, tels: *Arès*, qui signifie Mars ou la guerre, et *Lugos*, qui veut dire osier, saule, bâton.

La Teste, les bords du bassin et les landes d'alentour furent autrefois la patrie de ces fameux *Boïi*, dont parlent les anciens, et qui avaient émigré, dit-on, des déserts de l'Asie. On a fait ressortir l'affinité de *Boïi* ou Boyens avec les Celtes; mais à en juger par ces noms, leur affinité avec les Grecs ou les Phéniciens ne serait pas moins grande.

Arès a son similaire sur la carte de la mer d'Azof, dans Pérékop ; Audenge, c'est Marioupol, et Taganrok représente Biganos.

IV.

La Ville et la Chapelle d'Arcachon.

Au delà de la Teste, vers le couchant, est la ille d'Arcachon, ville toute nouvelle d'ailleurs, forée, non pas de maisons, mais de bouquets d'ares, de villas et d'élégants chalets, où les négoiants de Bordeaux viennent à la belle saison paser le dimanche et les jours fériés.

La ville d'Arcachon occuperait sur les rives du

Palus-Méotide la place qu'y tiennent aujourd'hui les campements des Cosaques de la mer Noire, entre la rivière Eia et la rivière Kouban.

Arcachon n'a qu'une seule rue, mais cette rue n'a pas moins de 4 kilomètres de longueur. C'était autrefois un sentier praticable seulement pour les landais, qui le parcouraient à l'aise sur leurs longues échasses; c'était un lieu désert où croissaient les pins, les chênes et les arbousiers, où courait le chevreuil, et où le sanglier lui-même avait sa bauge.

Là, se dresse maintenant une ville, moitié pins, moitié murs à vrai dire, mais qui n'en a pas moins des trottoirs, des boutiques, des bureaux de tabac et des réverbères, toutes choses assez agréables, quoique fort peu faites pour le site, et d'une désolante vulgarité.

De gracieuses constructions, des galeries, des

kiosques, des châteaux à tourelles, — entr'autres le magnifique château de M. Deganne, — rachètent, hâtons-nous de le dire, tout ce qu'il y a d'affreusement prosaïque dans ces petits aises de la vie civilisée.

De l'ancien état des lieux il ne reste plus qu'un modeste sanctuaire, la chapelle de Notre-Dame d'Arcachon, dernier souvenir qui ne doit point d'ailleurs tarder à disparaître.

Notre-Dame d'Arcachon va être démolie, au grand regret des pêcheurs et des résiniers qui lui rendent leur culte. Une église moderne, aux proportions vastes, à l'ogive élancée, s'élève pour la remplacer; l'accroissement de la ville a, dit-on, rendu nécessaire cette destruction qui fait déjà saigner bien des cœurs.

Un mot donc sur la chapelle avant qu'elle soit livrée aux manœuvres.

Elle fut bâtie en 1722, par les soins de Jean Baleste Guillem, habitant de la Teste. Elle a remplacé deux constructions du même genre qui furent successivement établies sur les bords du bassin.

Celles-ci ont disparu sous les sables qui ont englouti dans ces contrées des villes entières.

Plus heureuse que les deux autres, la chapelle actuelle a résisté jusqu'à ce jour. Elle s'élève à la cime d'un de ces monticules qui abritent le golfe d'Arcachon contre la violence des vents du sud-ouest, au milieu des pins et à cent pas du rivage. Au dedans, un lambris aux peintures naïves, de petits navires, des barils, qui descendent du milieu de la nef, attirent le regard. Ce sont les *ex-voto* des marins miraculeusement sauvés de la mort.

Sur les boiseries qui garnissent les murailles, se trouvent inscrits des noms européens.

Nous y avons vu des noms politiques que les révolutions ont frappés ; des noms littéraires ou artistiques qui ont ému le monde, et qui, après avoir respiré sa vaine gloire, sont venus en ce lieu écarté méditer quelques heures sur l'inanité des choses humaines. Ces noms ont été écrits au crayon par les visiteurs, sur les murs, sur les portes, et jusque sur les colonnes qui ornent ou plutôt qui déparent l'entrée.

C'est la patronne de ce sanctuaire que les marins ont l'habitude d'invoquer lorsque, par un temps douteux, ils s'exposent à franchir la barre du cap Ferret; c'est elle encore qu'ils saluent à leur retour.

Rien de touchant comme ce salut des embarcations. Arrivés à la hauteur de la chapelle, les hommes se découvrent, les femmes s'inclinent et les avirons se dressent ou s'arrêtent brusquement sur les plats-bords. Il n'est pas jusqu'à la légende qui ne s'en soit mêlée et qui ne nous apprenne, que la statue de la Vierge elle-même a été portée par l'ouragan sur ce rivage, et que le doigt de Dieu a ainsi montré la place où l'on devait bâtir le religieux édifice.

Le 25 mars 1858, le jour de l'Annonciation, il y avait eu grande fête sur les bords du bassin. La plage, l'avenue qui conduit à la chapelle et la longue rue d'Arcachon avaient été envahies par une foule immense, — tous pâtres, résiniers ou pêcheurs, venus des points les plus éloignés de la lande ou du golfe pour assister à la *bénédiction des barques.*

La bénédiction a lieu chaque année au pied d'une grande croix de fer élevée à quelques vingt mètres de la petite église, et si près de la mer, que la marée haute en effleure la base.

Impossible de rendre le coup d'œil que présentent alors la ville et le bassin d'Arcachon. C'est à la fois la fête nationale et religieuse de la contrée. Il y a ce jour-là débordement de landais; ils surgissent de partout. On dirait que les dunes et les *pignadas* (1) les enfantent à plaisir. Ils arrivent dès la veille, ceux-ci en chariot, ceux-là sur des échasses de quatre pieds de hauteur, tous les autres en bateau. Ils bivouaquent la nuit en plein vent comme les Arabes, avec lesquels ils ont tant de rapports, allument de grands feux et se couchent enveloppés dans leurs peaux de mouton, retranchés derrière leurs chars ou abrités par des tentes légères.

On dirait un campement de *Peaux-Rouges* au pied des montagnes Rocheuses, sur les bords de l'Orégon ou du grand lac Salé.

(1) *Pignadas*, forêts de pins.

V.

La Tillole ; son équipage et ses passagers.

Les barques venaient d'être bénies. La plupart avaient quitté le rivage et repris la route des ports et des chenaux ; les autres, à sec sur le sable, étaient abandonnées des pêcheurs, qui avaient évidemment renvoyé au lendemain toute pensée de retour.

Une dernière *tillole* (1), à demi échouée sur la plage, se préparait seule à prendre la mer. Deux jeunes dames élégamment vêtues étaient à son bord. — Je venais d'obtenir une place à leur côté.

Le bassin était splendide à voir. Les goëlands et les mouettes le sillonnaient en tous sens ; le soleil était chaud et le ciel sans un nuage. Nous avions voulu profiter de la beauté du jour et aller au cap Ferret visiter le phare de premier ordre qui éclaire la terrible entrée d'Arcachon.

La tour a près de 180 pieds de hauteur. — Elle

(1) *Tillole*, barque (terme du pays).
Les tilloles sont faites en forme de navettes, un peu relevées aux deux bouts, taillées en clipper et aussi étroites de l'arrière que de l'avant. Elles sont à fond plat et sans quille. Elles portent un petit mât et une voile carrée. Pas un morceau de fer n'entre dans leur construction ; leurs bordages sont chevillés et l'on y chercherait en vain le moindre clou. Elles ont environ 7 mètres de longueur et 2 mètres de largeur au milieu. Elles sont si légères que 7 à 8 hommes peuvent facilement les enlever et les porter à terre.

se dresse au milieu des sables sur une sorte d'isthme que baignent d'un côté les eaux tranquilles du bassin, et que viennent battre de l'autre les vagues furieuses de l'Atlantique. — Le fanal, construit d'après les procédés de Fresnel, s'aperçoit en mer à la distance de sept lieues, et de la galerie qui l'entoure on voit en même temps l'Océan, le golfe d'Arcachon et la passe étroite, (le détroit d'Ienikaleh, dirions-nous, si nous étions encore sur la mer d'Azof), qui les met en communication.

La barque allait partir. Les *Testérines* (1) qui la

(1) *Testérines*, nom des femmes de la Teste. Ce sont les femmes des pêcheurs d'Arès, de Gujan ou de la Teste qui, en grande partie, conduisent les bateaux destinés à la navigation intérieure du bassin. Rien n'égale leur courage et leur mâle activité. En deuil pour la plupart d'un frère, d'un époux ou d'un fils que la mer a dévoré, un jour de tempête, à l'entrée même de la passe, on ne les rencontre guère qu'habillées de noir. Un chapeau de paille orné de rubans de velours, voilà toute leur parure. Les jambes nues, le filet ou l'aviron sur l'épaule, elles passent leurs jours dans l'eau ou sur l'eau à prendre le poisson et à mener leur *tillole*.

Les hommes, décimés par les naufrages, manquent à Arcachon;

conduisaient, tenaient déjà leurs avirons, quand au loin, du côté de la chapelle, trois voyageurs apparurent : un militaire de 23 ans, qu'à ses galons d'or on reconnaissait pour appartenir à cette valeureuse classe de soldats que la guerre de Sébastopol a faits sous-officiers en peu de jours, et deux femmes, — l'une qui manquait de signification, l'autre, au contraire, qui en avait beaucoup trop.

Lourde, épaisse, les traits accusés, le teint coloré, la bouche démeublée, le tout accompagné d'un immense bonnet à fleurs, elle fit sensation.

La voix de la survenante ne tarda pas à arriver jusqu'à nous.

— Je vous dis, monsieur Giraud, qu'il faut que j'aille voir la mer. Mon mari m'a dit : « Tiens, voilà 200 francs... »

---

les femmes leur viennent en aide et vivent comme eux de la rude vie des gens de mer.

— C'est bon, madame Patissier, vous nous avez dit cela cent fois à madame et à moi, depuis que le hasard nous a fait vous rencontrer. Vous vouliez voir la mer ; nous y voici.

— Nous y voici ! nous y voici ! c'est possible ; mais il faut que je fasse dessus un petit voyage.

Et comme les avirons des *Testérines* plongeaient déjà dans le bassin :

— Si ces dames voulaient nous donner une place... en payant. N'est-ce pas, mesdames, si je payais, que je pourrais entrer dans le bateau ? Mon mari m'a donné 200 francs...

— Entrez, madame, dit en souriant l'une des passagères, nous nous arrangerons toujours bien.

L'embarquement se fit sans événement fâcheux et selon l'usage du bassin.

IV

Les *Testérines* se mirent à l'eau jusqu'à mi-jambe, prirent les voyageurs sur leur dos et les portèrent à bord. Madame Patissier, malgré sa masse imposante et grâce aux bras nerveux de celle qui l'avait chargée sur ses épaules, put arriver à sa destination sans trop d'avaries.

J'ai toujours aimé, bateau, wagon ou omnibus, ces véhicules qui, moyennant quelques sous ou quelques francs, reçoivent sans distinction de classe toutes sortes de voyageurs. J'aime ces petites républiques improvisées où, grâce à ses 30 centimes chacun a le droit de regarder et de saluer son voisin, peut l'interpeller s'il le juge à propos, et se faire ainsi une société de hasard, riche en contrastes souvent, et presque toujours féconde pour l'observateur.

La *tillole* avait enfin quitté le rivage ; l'avenue de la chapelle, d'où nous étions partis, commençait à s'effacer derrière les dunes que nous avions contournées.

C'était le moment de se voir et de se juger à l'aise.

Dans leurs récits, les touristes manquent rarement de vous poser cette question : « Avez-vous jamais rencontré une femme ? Je m'explique, disent-ils; en nos jours de progrès, il est si peu de femmes qui veuillent être femmes, si peu de ces charmantes créatures qui sachent rester ce que Dieu les a faites. »

Et sur ce thème des plus neufs, ils font le procès à la plus belle moitié du genre humain. A les entendre, ce ne serait partout que caoutchouc, baleine et crinoline; — au physique d'abord, au moral ensuite. — « L'esprit des femmes est l'esprit de la mode, ce qui ne veut pas dire que leurs modes aient le moindre esprit, etc., etc. »

C'est un acte d'accusation où rien ne manque; un tableau complet d'un repoussé ou d'un repoussant, comme l'on voudra, des mieux réussis.

Pour ma part, n'en déplaise aux critiques, à tout ces hommes qu'on est convenu d'appeler des écrivains pleins d'*humour*, bien qu'ils n'aient fort souvent que de l'humeur, j'ai dans mes voyages, rencontré maintes femmes. — Elles étaient, il est vrai, un peu crinolinées, mais à cela près elles n'avaient point trop l'air de cétacés ou d'amphibies, moitié robe moitié paletot, moitié cigare moitié ombrelle, comme je le lisais naguère, je ne sais plus dans quelle chronique ou dans quel feuilleton des *Débats*.

Nous avions une femme à bord de la *tillole;* je dirais même deux, si je ne voulais personnifier en celle-ci le beau sexe persécuté. C'était une Bordelaise élevée à Paris, que j'avais quelquefois rencontrée dans le monde et dont un hasard heureux me fit ce jour-là le compagnon.

Je ne dirai point à mon lecteur que madame B... était blonde avec des reflets brunis, qu'elle avait des yeux bleus pétillants de malice, le sourire gracieux, le pied petit, la main blanche, les ongles roses et une taille de marquise proverbiale dans Bordeaux; je préfère m'en tenir aux qualités morales moins éphémères et plus attachantes.

Madame B... était et est encore, car ceci est une histoire vraie, la femme aimable par excellence. Elle avait de la distinction, de l'abandon, de la finesse, du goût, un esprit gai, un peu railleur même, mais de cette raillerie douce que la bonté tempère et finit par guérir. Elle était femme surtout. Elle ne parlait ni politique, ni sport, ni trois pour cent. Elle était tout aussi étrangère à lord Derby qu'à M. Rarey, le dompteur de chevaux, et la situation financière du crédit mobilier l'inquiétait fort peu.

Elle avait un grain de coquetterie et ne s'en défendait pas. Elle lisait même les journaux de mode et les feuilletons du jour; il faut dire toutefois qu'elle donnait la préférence aux auteurs du grand siècle.

Sur le marbre de sa console elle avait le *Lys dans la vallée,* mais elle avait aussi Molière, Lafontaine et Boileau.

A Paris elle avait connu Alfred de Musset et le très illustre Alexandre Dumas. — Dumas lui trouvait du « dialogue » et Musset avait fait des vers pour elle.

Ce n'était pas, on le voit, une femme *accomplie* comme on le dit un peu superficiellement dans nos modernes boudoirs; mais c'était une vraie femme, comme il y en a encore quelques-unes, causant à son gré ou au votre, chiffons ou poésie, et fort experte, toujours, dans l'art de faire oublier les heures à ceux qui l'écoutaient.

VI.

Madame Patissier.

Madame B..., cependant, gardait le silence.

Il est vrai que madame Patissier avait repris ou plutôt n'avait pas lâché la parole.

— Est-ce bien en mer au moins que nous sommes, monsieur Giraud?

— En pleine mer, madame Patissier.

— C'est que, voyez-vous, mon mari m'a dit : « Tiens, voilà 200 francs, je veux à tout prix... »

— Si vous en doutez, vous n'avez qu'à goûter l'eau.

— C'est vrai ; c'est du vrai sel. Il a dû même en falloir une fameuse quantité pour lui donner ce goût. Mais dites-moi, est elle partout salée ?

— Partout.

— Et cette mer, où va-t-elle ? je ne vois de tous côtés que des montagnes couvertes de sapins.

— De pins, madame Patissier.

— De pins, si vous voulez, ça ne fait rien à l'affaire. Et mon mari qui me disait : « Tu verras comme c'est beau, la mer. Il n'y a que l'eau et le ciel, et aucune terre à l'horizon. »

— Vraiment il vous disait cela?

— C'est comme j'ai l'honneur de vous le rapporter. Et M. Renard ajoutait: « Vous verrez des vagues grosses comme le mont Valérien, et de grands navires avec des mâts aussi hauts que le Panthéon. »

— Voyez donc ce M. Renard!

— Et il ajoutait encore: « Après le musée anatomique, madame Patissier, vous ne pouvez voir rien d'aussi curieux »

— Ah! il vous a parlé du musée anatomique. Et vous êtes allée le voir peut-être?

— Si j'y suis allée? vous pouvez le croire. M.

Renard, qui en est le directeur, me l'avait assez recommandé.

— C'est donc bien intéressant ?

— Ah ! monsieur Giraud, si vous saviez les horreurs que j'ai vues. A mon retour j'en portais encore les marques.

— Des marques d'anatomie! comme vous y allez.

— Je veux dire que j'en étais écœurée; au point que mon mari s'en aperçut : « Mon Dieu, Céleste, me dit-il, comme tu es blanche! que t'est-il donc arrivé ? » C'est à la suite de cela qu'il me dit : « Tiens, voilà deux cents... »

— Ah ! vous étiez blanche à cette époque ?

— Blanche, monsieur Giraud, comme un bouquet de mariée.

— Elle a bien changé depuis lors, murmura à peine madame B... ; on dirait une botte de radis, ajouta-t-elle tout bas, et presque honteuse de la comparaison.

A vrai dire, il eût été difficile de mieux peindre ou de rendre par un autre mot ces joues couperosées, cette face vineuse, à pommettes, à nez et à menton saillants, qu'un gros bonnet à coques rouges encadrait de toutes parts.

Plus d'une heure s'était écoulée ; la moitié du bassin était déjà franchie.

L'*Ile aux oiseaux,* ainsi appelée, non mal à propos, pour les lapins qu'elle produit, ainsi que le disent quelques mauvais plaisants, mais à cause des canards sauvages qui vers le commencement de l'hiver, viennent s'abattre en ce lieu et se prendre au nombre de cinquante ou soixante mille, dans les nombreux filets affectés à cet usage, — l'Ile aux oiseaux, située vers le millieu du bassin, était depuis longtemps dépassée et ne se laissait plus voir que sous la forme d'un léger nuage à fleur d'eau.

Le phare se montrait à l'horizon. Bientôt l'on fut assez près pour en distinguer les détails.

Madame Patissier continuait la conversation, ou plutôt le monologue que les provocations, les rires ou les perfides compliments du sergent Giraud, devenu le loustic du voyage, venaient seuls interrompre.

— Tiens, ça ressemble à la colonne de Juillet ! s'écria tout à coup l'hôtelière, en désignant la grande tour blanche du phare.

— Ou à la colonne Vendôme, fit le sergent avec une légère pointe d'ironie.

— A la colonne Vendôme soit, monsieur Giraud.

Il paraît, d'ailleurs, que c'est la mode des colonnes dans ce pays. On m'a dit qu'à Royan et à Biarritz...

— A deux pas d'ici, observa le sergent en grimaçant de l'œil.

—... A deux pas d'ici, répéta l'hôtelière avec une bonne foi charmante ; on m'a dit, reprit-elle, qu'il y en avait de toutes pareilles. Bien mieux, à Bordeaux, j'en ai vu deux au bord de la rivière, à côté l'une de l'autre (1). A Paris, du moins, nous les mettons à distance.

— C'est que Bordeaux n'est point Paris, madame, dit madame B... avec son plus gracieux sourire.

---

(1) Madame Patissier voulait parler des deux phares des Quinconces, désignés à Bordeaux sous le nom de *colonnes rostrales*. Ils ont été placés là sous le règne de Charles X, plutôt comme ornement que pour les nécessités de la navigation.

VII.

Une excursion dans Bordeaux.

Mme Patissier fut prompte à la réplique.

— On s'en aperçoit de reste, madame, sans vous offenser. Vous avez de grandes rues et personne dedans; un jardin *public* et pas la permission d'y entrer; des promenades et pas d'arbres, où bien des arbres et pas de feuilles. Au nord, vous avez des quartiers sans monuments, au sud, des monuments sans quartier...

— Comment, sans quartier ! fis-je à mon tour.

— Et certainement, sans quartier. Les maisons y sont moins nombreuses que les édifices publics.

— Ah ! par exemple...

— Par exemple, dites-vous ? La preuve, c'est que le garçon d'hôtel qui m'a fait voir la ville m'a conduite sur une place à peu près déserte, où il n'y avait pas le moindre canon, et qu'on appelle cependant, m'a-t-on dit, la *Place d'Armes.* Il y avait un hôpital à droite, et un palais de justice avec des statues sur les toits à gauche.

— Sur les toits, ce n'est pas possible ! s'écria le sergent.

— C'est à la lettre, monsieur Giraud. Chaque pays, voyez-vous, a ses usages. A Paris on met les statues sur leurs piédestaux, à Bordeaux on les place sur les maisons. Ainsi, sur le Grand-Théâtre j'en ai vu douze ; sur la toiture du Palais-de-Justice il n'y en a que quatre, il est vrai ; mais comme elles sont trois fois plus grandes, il y a compensation.

— A vous entendre, Bordeaux serait une ville à l'envers des autres. Ce que vous disiez pour l'accumulation des monuments est bon, tout au plus, pour la place d'Armes, mais ailleurs ?

— Ailleurs, c'est la même chose. Un peu plus loin on m'a montré une place, la place Rohan, je crois. Je venais de voir coup sur coup une prison, une caserne de gendarmerie et une grosse tour noire, qu'on appelle le fort du Hâ ; qu'est-ce que je trouve encore sur la place en question ? une église avec de hautes flèches très aiguës, et en face un palais avec un drapeau et une sentinelle à la porte.

— C'est l'hôtel de ville, madame Patissier.

— C'est possible, monsieur Giraud. Nous avons aussi un hôtel de ville à Paris, mais il n'est ni à côté du Panthéon, ni à côté de la Madeleine, ni en face du Louvre. Nous disséminons nos édifices et nous donnons à chaque quartier le sien.

Madame Patissier se sentait sur son terrain.

La Parisienne, avec son goût inné pour les arts et ses instincts de critique, se trahissait. Sa verve ne tarissait pas. Elle avait oublié son voyage, son mari et ses deux cents francs. C'était le *paysan du Danube* en jupon et sur la mer.

Après la ville, les habitants avaient eu leur tour.

— On parle de l'hospitalité bordelaise ; franchement, messieurs, il n'y a guère à s'en louer, à en juger du moins, par l'accueil qu'on vous fait dans les rues.

— Madame Patissier, vous m'étonnez !

— Je vous étonne, monsieur Giraud ? ce qui m'a étonnée, moi, c'est votre armée de bonnes et de garçons de magasins, rangés à la file sur les trottoirs et armés de tous les engins d'aspersion imaginables, celui-ci d'un balai, celui-là d'une escope, cet autre d'une pelle à charbon, — tous s'escrimant à l'envi dans le ruisseau et inondant à qui mieux mieux les alentours.

— Il faut bien qu'ils arrosent la rue.

— C'est alors, pour cela, qu'ils arrosent les passants.

— Apres tout, de l'eau claire, ça ne tire pas à conséquence.

— Claire ! pas toujours, Monsieur le sergent ;— grâce aux balayeurs, l'eau pure est bientôt de l'eau trouble ; et de l'eau trouble à la boue, il n'y a pas loin. — Ah ! M. Renard, le directeur du musée d'Anatomie, m'avait recommandé un *rechange* pour la mer, c'est pour les rues de Bordeaux qu'il aurait dû dire !

La *tillole* n'avait plus à son bord que des rieurs, et les *Testérines*, penchées sur leurs avirons, n'étaient pas les dernières. — Quant à Madame B... elle étouffait derrière son mouchoir, tant elle essayait de comprimer depuis le départ le besoin de rire qui s'était emparé d'elle.

VIII.

Le Cap Ferret. — La Marée. — Le Retour.

Heureusement pour madame B... nous étions déjà au cap Ferret. Il était temps d'arriver. Notre Bordelaise, qui était restée grande dame, allait peut-être se démentir et faire comme nous. Les préoccupations du débarquement détournèrent le cours des idées.

On visita le phare. On fit à travers les pins rabougris et clair-semés qui recouvrent les sables de l'isthme une courte promenade, puis l'on se dirigea vers la *tillole.* La marée baissait. L'heure du départ était venue. Çà et là de perfides bancs de sable ou de hideux *crassats* montraient leur fond de mauvais augure. La maîtresse du bateau avait dressé son mât et préparé sa voile. Les *Testérines,* qui voyaient le flot se retirer et, au loin, les bas fonds apparaître, ne cachaient pas leur impatience.

Cependant l'on ne partait pas. Un voyageur manquait encore à l'appel. — Depuis près d'une heure l'hôtelière du boulevard de l'Hôpital avait disparu.

—Madame Patissier ! la mère Patissier ! à bord ! à bord ! Nous sommes en retard. Nous allons manquer la marée, et le chemin de fer de la Teste qui doit ce soir nous ramener à Bordeaux partira sans nous.

Appel et cris n'y faisaient rien. Madame Patissier ne donnait pas le plus petit signe de vie.

Un mousse qui faisait partie de l'équipage fut envoyé à sa recherche. Le mousse ne revint pas. Une des batelières partit à son tour pour ramener le mousse. Mousse, batelière et hôtelière ne paraissaient point.

Les *crassats* grandissaient à vue d'œil et les basfonds allaient se trouver à fleur d'eau. L'impatience s'était changée en inquiétude, et l'on parlait déjà d'un voyage de découverte ou d'une exploration générale de l'isthme, lorsque derrière les pins, à cent pas du rivage, une voix essoufflée et un bruit assez difficile à définir, un bruit de galets roulés par les vagues, se firent entendre.

— Me voilà! me voilà! Ah! je l'ai vue enfin la vraie mer. Mon mari va être bien heureux, lui qui m'a donné 200 francs...

— Allons, Madame Patissier, vous nous conterez cela demain. Nous sommes en retard; embarquez-vous. Mais que portez-vous donc là, que votre tablier crie miséricorde? On dirait, au bruit, un sac de noix en colère. Vous avez donc trouvé un trésor ?

— Un vrai trésor, monsieur Giraud. J'ai vu la mer, celle qui est de l'autre côté, et j'en rapporte un souvenir.

Madame Patissier, en moins d'une heure, avait eu la force de traverser la chaîne de dunes qui sépare le bassin de l'Océan et de visiter la plage que baigne l'Atlantique. Elle arrivait, chargée à succomber sous le poids; le mousse et la *Testérine* l'accompagnaient.

— Regardez, dit l'hôtelière, ce sont des coquillages. J'ai pris les plus gros que j'ai pu trouver.

— Ça des coquillages ! ce sont des coquilles d'huîtres, madame Patissier.

— Comme si je ne connaissais pas les huîtres !

Et plongeant les mains dans son immense approvisionnement :

— Voyez, dit-elle, en voilà des petits faits comme des peignes et des gros en forme de bénitiers.

— Eh bien, madame, ceux-ci sont des *pétoncles* et ceux-là des *palourdès*. Le cap Ferret et la pointe du sud qui est de l'autre côté de la passe en sont infestés (1). Les autres ne sont que des coquilles d'huîtres, mais des coquilles roulées par la mer et qu'elle a polies à la longue.

---

(1) Les *pétoncles* et les *palourdes*, coquillages du genre *arche* et du genre *unio*, ne sont pas seulement communs sur les bords du bassin d'Arcachon; on les trouve encore en abondance sur presque toutes nos côtes.

— N'importe, c'est un souvenir que je garde. Je veux que mon mari puisse bien se convaincre que j'ai vu la mer.

— Si j'étais à votre place, reprit le sergent, je lui apporterais aussi de l'eau salée. Une ou deux bouteilles, ça ne vous embarrasserait pas trop et vous pourriez aisément les passer à la barrière. Songez quel effet ça produira à Paris : de l'eau du grand Océan !

— Vous croyez ?

— Si je le crois ! Et puis ce n'est pas tout : je sais près de la chapelle un sable fin comme de la poussière d'or. C'est une véritable curiosité pour le pays même. A votre place j'en prendrais un petit échantillon.

— Monsieur Giraud, vous voulez plaisanter. Mon mari...

Une brusque oscillation de la barque qui venait de virer de bord et que le vent prenait par le travers interrompit la Parisienne. La voile se gonfla et le bateau se pencha gracieusement sur sa hanche, en laissant derrière lui des flots d'écume.

Madame Patissier poussa un cri.

IX.

L'eau de Mer.

— Nous sommes perdus, dit-elle. Voilà l'eau qui mouille le pan de ma robe.

Et comme on riait de sa folle terreur :

— Il n'y a pas de quoi rire, messieurs. J'ai deux fils, deux garçons, l'un de vingt-cinq, l'autre de vingt-neuf ans ; celui de vingt-neuf ans a navigué au port de Cette et a fait naufrage. Il m'a tout conté. Cela commença comme aujourd'hui : le bateau penchait, un coup de vent plus fort que les autres le fit chavirer ; mon garçon tomba à la mer et tout son linge avec lui, trente chemises que j'avais repassées...

— Trente ou quarante ? fit le sergent d'un air profond.

— Trente, monsieur Giraud, ni plus ni moins ; trente, que l'eau de mer a rendues méconnaissables, et qui depuis trois mois attendent dans un bas d'armoire...

— Le bas ou le haut ? demanda l'affreux questionneur.

Mais madame Patissier n'entendit pas.

La *tillole*, poussée par une excellente brise du

nord-nord-ouest, volait sur les vagues et rattrapait le temps perdu. En termes de marine, *elle donnait de la bande.* Le vent commençait à creuser le bassin et la houle se faisait sentir. L'hôtelière avait changé d'attitude. Presque à genoux sur l'avant de la barque, elle s'accrochait aux manœuvres, aux avirons, aux taquets, à tout ce qui lui tombait sous la main. Des sueurs froides, des faiblesses dans les jambes, des baillements et des tiraillements intérieurs, en un mot, tous les symptômes du mal de mer venaient de l'assaillir.

— Misérable Patissier ! malheureux monsieur Renard ! c'est à vous que je dois d'être ici. Et dire que mon mari m'a donné...

— Madame Patissier, interrompit son bourreau, voulez-vous un remède, un excellent remède ?

— Est-ce qu'il peut y avoir un remède contre

cet affreux balancement, fit l'hôtelière d'une voix lamentable.

— S'il y en a ? Buvez de l'eau de mer, et vous verrez.

— Boire de l'eau de mer, grand Dieu ! Vous me diriez comme mon mari : Tiens, voilà 200 francs...

— Buvez de l'eau de mer, vous dis-je.

— Eh bien ! buvez-en vous même, et je verrai.

— Qu'à cela ne tienne, madame Patissier.

Et le joyeux sergent ingurgita une pleine *palourde* d'eau salée.

Madame Patissier eut alors un mouvement héroïque. Elle choisit dans son tas de coquilles la plus évasée et la plus profonde, la plongea dans le bassin et en avala à son tour le contenu. . . .

. . . .

Que se passa-t-il à partir de ce moment ?

Les passagers de la *tillole* ne le surent jamais. Madame Patissier, après avoir fait une horrible grimace, était entrée dans un mutisme dont elle ne sortit plus.

Ce que je puis dire, c'est que nous ne tardâmes pas à aborder au pied de la chapelle, et que le convoi, qui moins d'une heure après nous ramenait à Bordeaux, fut ce jour-là légèrement en retard.

A chaque station, à peine le train arrêté, d'une sorte de cage à poule que les nécessités de la locomotion, — c'était un train de plaisir, — avaient transformée en wagon de troisièmes, s'élançait une forme humaine, une femme, autant du moins qu'on en pouvait juger par sa toilette en désordre.

La malheureuse franchissait la voie avec des gestes désespérés, et disparaissait régulièrement derrière un de ces gracieux chalets dont l'administration des chemins de fer du Midi a orné la ligne de Bordeaux à la Teste. — Elle restait ainsi, éclipsée à tous les yeux, pour n'apparaître que lorsque le sifflet du départ et l'appel impatient de l'employé de service, avaient rendu impossible une plus longue absence.

X.

L'Omnibus sans bagages. — Conclusion.

Notre voyage à Arcachon s'arrête ici.

Le hasard avait mis sur notre route un type bien connu à Paris, mais qui ne trouve que bien rarement l'occasion de se dessiner en province.

Sur les bords de l'Océan, au milieu d'un peuple

sauvage, dans un pays de landes, qui a reçu le nom de *Sahara de la France*, (1) tant il est désert et aride, ce type bourgeois devait au contraste des situations et des lieux un jour nouveau.

Madame B... l'avait bien compris. Et comme je lui faisais mes adieux :

— Vous rappelez-vous, me dit-elle, certaine madame Pipelet, qu'un romancier a rendue célèbre ? Vous l'aviez vue dans sa loge en peignoir du matin, et les bas sur ses talons ; vous venez de la rencontrer en pleine mer avec son *rechange*, ses chaussons de voyage et sa provision de mollusques; il ne vous reste plus qu'à la voir endimanchée, en chapeau couleur tendre, cachemire et bottines d'occasion. Je me trompe fort, si vous ne la trouvez alors sortant de quelque musée d'anatomie,

(1) Voir à la fin de la Nouvelle, l'article spécial que nous consacrons au Sahara français.

en route pour la campagne, un cabas gorgé de comestibles à la main. . . . .

Je rentrai à Bordeaux.

J'avais oublié Arcachon, le phare, M. Giraud et madame Patissier elle-même, lorsque deux jours après, une affaire imprévue m'appela à la Bastide.

La Bastide est moins un faubourg qu'une ville. Dans quelques années ce sera un second Bordeaux, le Bordeaux de la rive droite.

J'avais à passer le magnifique pont en pierre qui réunit les deux cités. Je profitai du départ de l'omnibus qui fait le service du chemin de fer de Paris, et que l'on appelle je ne sais pourquoi *l'omnibus sans bagages,* car j'ai remarqué que c'est toujours celui qui en porte le plus, à l'intérieur du moins.

J'y trouvai madame Patissier installée, mais non

plus la madame Patissier du bassin. Semblable à la seconde édition d'un livre quelconque, elle était revue, corrigée et surtout considérablement augmentée.

Elle avait fait toilette.

C'était d'ailleurs, et à la lettre, la toilette décrite d'avance par madame B... : un chapeau de satin rose, façon 1847, acheté au Temple, et un vieux châle imitation de l'Inde, le tout suivi d'un énorme panier comme la rue Bouquière (1) peut seule en produire.

Si vaste que fût le contenant, le contenu semblait encore vouloir s'insurger contre lui. On en pouvait juger aux couvercles qui se relevaient à demi sur les côtés. Par l'entre-bâillement il me fut

(1) Rue de Bordeaux où se fabriquent et se vendent les gros objets de vannerie, tels que paniers, corbeilles, hottes, etc.

permis d'apercevoir sur un fond d'huîtres, un sachet de substance terreuse qui devait être du sable, et deux ou trois bouteilles d'un liquide incolore qui était à coup sûr de l'eau de mer.

Madame Patissier avait pris au sérieux les plaisanteries du sergent.

— C'est vous, monsieur, me dit-elle, que j'ai rencontré sur le bassin, je ne vous ai pas oublié.

— Pas plus que vous n'avez oublié, à ce que je vois, les recommandations de M. Giraud. Vous avez fait provision de souvenirs ?

— Oui, me dit-elle ; je veux que mon mari voie que j'ai vu la mer. Et elle couronna le tout d'un sourire qui sentait bien un peu l'horrible grimace du bassin, mais qui trahissait aussi la vanité satisfaite et le sentiment du devoir accompli.

Vingt-quatre heures après, elle était à Paris avec tous ses bagages, en son hôtellerie du boulevard de l'Hôpital.

Les embrassements du retour furent-ils aussi vifs que les adieux du départ? nous ne saurions le dire; tout ce qu'il nous est permis de conjecturer, c'est qu'à la vue de ces richesses, M. Patissier dut se sentir quelque peu fier d'avoir déboursé 200 francs et fait voir pour ce prix la mer à sa femme.

Nous ne parlons pas de M. Renard.

. . . .

. . . .

Mais M. Giraud et Mme B...., va-t-on me dire? — J'ai prévenu mes lecteurs. — Ceci est en quelque sorte un *voyage-omnibus*, — commencé à Paris à l'entrée d'une gare, fini à Bordeaux à l'entrée d'une autre gare.

Subissons la destinée des omnibus, salons ambulants et de sociétés éphémères où les visiteurs passent affairés et rapides sans rien laisser après eux.

M. Giraud doit avoir repris le chemin de sa garnison où il attend quelque ordre de départ pour l'Afrique ou pour l'Inde ; il veut à tout prix gagner l'épaulette d'or.

Mme B... est à Bordeaux ou à Paris, peu importe. Qu'elle passe sur Tourny ou sur les Boulevards, qu'on la voie au Grand-Théâtre ou aux Italiens, il y aura partout un regard pour sa taille, un compliment muet pour sa tournure.

Mme B..... vous le savez lecteur est une vraie femme.

En faut-il davantage pour la plus belle moitié du genre humain ?

LE SAHARA DE LA FRANCE.

LE

SAHARA DE LA FRANCE.

Le droit de parcours et le droit de coupe. — Les derniers sauvages.

La contrée dont le captalat de Buch fait partie est un pays à part dans la France et dans la Gascogne même. On lui a donné, en effet, le surnom de Sahara, et il le justifie de tout point.

Les bergers y mènent la vie nomade. Les ÉCHAN-

GUÉS (1), *hommes à échasses*, qui l'habitent, y jouissent du droit de *parcours*. Ils donnent ce nom à la liberté qui leur est laissée par l'usage, de parcourir en tous sens cet immence désert. Ils vont ainsi poussant devant eux les troupeaux qui forment leur seule fortune, changeant de pâturage selon leurs besoins, et bâtissant, pour ainsi dire, chaque jour, avec des ajoncs coupés sur la lande, la cabane grossière qui doit les mettre à l'abri des pluies ou des chaleurs tropicales.

Il y avait, et il y a encore dans ce pays, des coutumes qui ne se retrouveraient peut-être pas ailleurs en Europe. On peut citer entre autres le droit qu'ont les habitants de la Teste et de Gujan d'aller couper des pins ou des chênes dans la forêt d'Arcachon, chez tous les propriétaires et jusque dans les enclos les mieux fermés.

---

(1) Tchangués, de *tchangues*, qui en idiome landais veut dire *échasses*.

C'est une concession, faite autrefois par les captaux de Buch, qui a donné naissance à ce droit toujours en vigueur, et qu'on n'arrivera point sans peine à détruire. Voici un passage de la concession. Le fait est assez curieux pour que la pièce qui le constate soit livrée à la publicité.

« Il sera permis, dit l'acte authentique signé par le captal de Buch, il sera permis aux habitants *non propriétaires* de prendre pour leur chauffage le bois mort, sec, abattu ou à abattre, de quelque espèce qu'il soit, et dans toute l'étendue indifféremment des forêts, bois, braous ou bernèdes.

» Pourront, lesdits habitants *non propriétaires*, couper les *bois de chênes verts* en toute l'étendue desdites forêts, bois et montagnes, soit pour la construction ou réparation de leurs bâtiments faits ou à faire, soit pour la construction de leurs bateaux, chaloupes et pinasses... *ne seront requis de demander la permission à qui que ce soit.*

» Lesdits habitants *non propriétaires* pourront également couper les *arbres pins vifs* qui leur seront nécessaires, mais ne pourront le faire qu'après en avoir demandé la permission... Et comme les *permissions ne peuvent être refusées*, il a été convenu qu'en cas d'absence des syndics ou de leur refus, les habitants *non propriétaires* pourront s'adresser à un propriétaire, lequel ne pourra refuser ladite permission ; mais *dans le cas d'un refus*, après en avoir justifié par deux témoins, *ils pourront couper sans aucune autre formalité ni permission.* »

Telles sont les mœurs et les lois de cette contrée.

Le sol est à quelques-uns, les arbres qui le couvrent appartiennent à tous. La propriété a ainsi dans le captalat de Buch (le canton de la Teste) le caractère primitif qu'on retrouve encore dans le nouveau monde, et que nous révélèrent il y a une trentaine d'années les charmantes créations de Fenimore Cooper.

Comme les grandes forêts de l'Amérique septentrionale qui bordent le fleuve Saint-Laurent ou le lac Ontario, les pignadas et les landes d'Arcachon sont une sorte de domaine commun où vit dans la misère, mais aussi dans l'indépendance, une race à part. Séparés du reste des hommes, les derniers enfants des Boïens, — on leur donne aujourd'hui le nom de *Bougès*, — préfèrent encore, aux bienfaits de la civilisation, le droit d'errer librement sur les dunes et de couper à leur gré les pins maritimes ou les chênes séculaires dont ces collines de sable sont couronnées.

Nous ne pouvons nous empêcher de rappeler à ce propos que nous devons à ce terrible *droit de coupe* la disparition d'une magnifique allée de chênes qui conduisait, il y a dix ans, de la mer à la chapelle d'Arcachon. En une seule nuit, ces arbres, qui faisaient l'admiration des visiteurs, tombèrent sous la hache aveugle des *Bougès*, des *Tchanguès* ou des *Landescots*, comme l'on voudra; on les nomme ainsi indifféremment.

Ces hommes sont les Arabes ou les Indiens de nos landes.

Ils n'ont ni propriété ni patrie, ou plutôt, on l'a vu, ils trouvent l'une et l'autre au milieu de ces monticules ; ils ont la forêt qui les a vus naître, la chapelle d'Arcachon où ils vont prier, et ce grand désert sablonneux, le Sahara de la France, qui attend leur dépouille, et qui doit recouvrir bientôt ces derniers sauvages destinés sans doute à disparaître sans retour.

La civilisation, en effet, les chasse devant elle, comme fait aux Etats-Unis la colonisation américaine. Un chemin de fer réunit déjà Arcachon au chef-lieu de la Gironde. Les vieux *Bougès*, il est vrai, vont toujours à Bordeaux sur leurs échasses, mais leurs fils se permettent parfois de prendre le train.

Avant peu ils auront abandonné le béret et la veste de peau.

Des traits allongés, des yeux vifs, presque farouches, un teint olive qui rappelle celui des Maures, seront alors les seuls caractères distintifs qui trahiront ce peuple émigré de l'Asie, fixé en Gascogne depuis deux milles ans, et cependant resté ce qu'il était jadis.

. . . .

Quelques citations pour finir.

Mme de la Grange a fait de son côté le tableau des landes; voici la poétique description qu'elle en donne dans la *Resinière.*

« Cette région désolée, véritable désert avec ses steppes, ses sables et ses oasis a été surnommée le *Sahara de l'Aquitaine.* Elle commence aux portes de Bordeaux, longe les rivages de l'Océan, et descend jusqu'à Bayonne sur une large zône entre l'Adour et la Garonne.

« Là l'horizon n'est borné que par le ciel; de gran des herbes, de petits ruisseaux, des bouquets de pins, viennent de distance en distance reposer l'œil avide du touriste.

« Rien de plus pittoresque que les *Tchangués,* ces pâtres nomades, couverts de peaux de mouton qui, hissés sur des échasses et les bras croisés derrière le dos, conduisent leurs troupeaux bêlants à travers ces vastes solitudes. » (*La Resinière d'Arcachon, p.* 5).

M. Duffourg-Dubergier, dans un livre plein d'esprit et d'humour, et qui est en même temps un chef-d'œuvre de typographie, dans les *Chroniques du château de Gironville,* dépeint à sa manière, et en quelques mots qui font image, ces mêmes bergers landais.

Il s'agissait d'un pélérinage à Notre-Dame-de-Cordouan entrepris par Bertrand, duc d'Aquitaine, et par sa femme Gertrude la blonde.

« Ils se mirent en route, dit M. Duffourg-Dubergier, suivis de leurs vassaux, de leurs chapelains et de leurs domestiques, tous à cheval et armés. Ces précautions ne furent pas inutiles, car ils coururent d'assez grands dangers, surtout de la part des sorciers qui infestaient le pays.

« *Ce sont des êtres fantastiques, à figure humaine, à dos et à ventre de brebis et à jambes de bois.* Ils ont dix à douze pieds de haut, et peuvent à volonté jeter et reprendre leurs jambes, et diminuer ou augmenter ainsi leur taille. Ce fait, quelque incroyable qu'il paraisse, est cependant trop bien constaté pour pouvoir être révoqué en doute. »

« *Chroniques du chateau de Gironville,* page 35. »

Tel est, ou mieux tel était, ce recoin de la France.

Là sont, quarante lieues de désert, plus inconnues il y a trente ans, que les savannes lointaines du Missouri, ou que les solitudes de l'Afrique centrale. — Il a suffi de quelques hommes de cœur, non pour changer subitement tout cela, mais pour apporter parmi ces barbares les premiers bienfaits d'une vie policée.

Le 6 juillet 1841, grâce au patriotisme de plusieurs citoyens de Bordeaux, de MM. Pereyra, Hovy, Johnston, Bethmann, Péters, Mestrezat et quelques autres, la première locomotive traversait en vainqueur ces plaines de sable.

Dix ans après cette époque, sur cette plage d'Arcachon où l'on ne voyait jadis que des huttes de pêcheurs, huttes de sauvages au toit conique fait de varech et de chaume, et deux maisons, — l'établissement Legallais et l'établissement Lesca, — sur ces mêmes bords s'était élevée comme par miracle, une ville toute entière.

Depuis lors, sept ans d'une administration dévouée, dont l'honneur revient à bon droit à M. Lamarque de Plaisance, l'ancien maire de la Teste, ont fait de la ville une capitale ; — non point s'il vous plait une capitale comme Paris ou Bordeaux, mais une capitale, comme nous l'avons dépeinte et comme il la fallait au *Sahara de la France*, une ville de dunes et de chalets, — de pins verts et de pin façonné.

FIN.

www.ingramcontent.com/pod-product-compliance
Ingram Content Group UK Ltd.
Pitfield, Milton Keynes, MK11 3LW, UK
UKHW031926260826
14628UKWH00003B/1453

9 782019 683481